# ANSIEDAD

Frena completamente tu ansiedad, fobias y
ataques de pánico

(Supere la ansiedad naturalmente y disfrute de su
vida y tenga éxito)

**Erato Muro**

Publicado Por Daniel Heath

*Ansiedad: Frena completamente tu ansiedad, fobias y ataques de pánico (Supere la ansiedad naturalmente y disfrute de su vida y tenga éxito)*

ISBN 978-1-989853-15-3

Este documento está orientado a proporcionar información exacta y confiable con respecto al tema y asunto que trata. La publicación se vende con la idea de que el editor no esté obligado a prestar contabilidad, permitida oficialmente, u otros servicios cualificados. Si se necesita asesoramiento, legal o profesional, debería solicitar a una persona con experiencia en la profesión.

Desde una Declaración de Principios aceptada y aprobada tanto por un comité de la American Bar Association (el Colegio de Abogados de Estados Unidos) como por un comité de editores y asociaciones.

# TABLA DE CONTENIDO

# Parte 1

La ansiedad es algo con lo que todos estamos familiarizados. Nos sentimos ansiosos de vez en cuando. De hecho, siente preocupación y estrés cuando se encuentra ante una situación que genera miedo.

Por ejemplo: si le dicen que debe rendir un examen, es natural que sienta ansiedad. A algunas personas les cuesta hacerle frente a una situación que encuentran aterradora, pero para otros, puede resultar difícil realizar una actividad.

### Sufre de ansiedad?

Es probable que sufra de ansiedad cuando se preocupa por todo. En otras palabras, comienza a preocuparse por todo lo que podría salir mal, incluso antes de un evento real. Su corazón comienza a latir con fuerza cuando entra en una sala a hacer una presentación. Su mente se acelera y siente como si estuviera perdiendo el control de su cuerpo. Su boca se seca y no puede hablar con claridad.

### Qué sucede cuando sufre de ansiedad?

Por supuesto que se siente preocupado, asustado. Siente que algo terrible va a suceder. Tiende a sentarse en el borde del asiento, inquieto, incómodo. Lo peor es que siente pánico: su ritmo cardíaco aumenta, no puede concentrarse bien y su mente divaga constantemente.

Algunas personas comienzan a pensar que tienen una condición médica grave. De hecho, los síntomas pueden complicarse y es importante darse cuenta de cómo la ansiedad puede afectarlo de diferentes maneras.

Básicamente, la ansiedad cambia la forma en que siente, piensa, se comporta y vive, la manera en que funcionan los reflejos de su cuerpo.

### Cómo actúa el cuerpo cuando sufre de ansiedad?

1. Su corazón se acelera y siente palpitaciones (se acelera el pulso).
2. Siente mariposas en el estómago.
3. Sus músculos se tensan y empieza a respirar profundamente.

4. Se siente inquieto y puede comenzar a sudar bastante.

5. A veces siente entumecimiento u hormigueo en los dedos de los pies y las manos.

6. Algunas personas dicen que se marean cuando tienen que actuar ante una situación aterradora o amenazante.

Además de los síntomas físicos, puede comenzar a fumar, comer y beber más. A veces empieza a hablar demás o va de un lado a otro sin ninguna razón.

Si bien el número de síntomas no es amplio, estos signos indican que lo más probable es que sufre de ansiedad.

### Qué es la ansiedad?

Con exactitud, ¿qué es la ansiedad? Bueno, en términos simples, es la manera en que su cuerpo se prepara para enfrentar una amenaza. Tan pronto como su cerebro percibe el peligro, su corazón, músculos y articulaciones están listos para la acción. Respira más rápido y siente que el corazón late con fuerza porque su cerebro proporciona nutrientes y oxígeno a las áreas del cuerpo que más lo requieren.

El momento en que su cerebro percibe que la situación vuelve a la normalidad, la sensación desaparece, pero a veces puede sentirse nervioso y débil, incluso después del episodio ocurrido.

Curiosamente, no todas las situaciones son una amenaza, pero su cerebro piensa lo contrario. Puede haber muchas razones por las que se pone ansioso. Por ejemplo, podría tratarse de alguien que pasa muy preocupado.

De manera similar, es natural sentirse ansioso cuando tiene que lidiar con eventos estresantes de la vida como la muerte, pérdidas de dinero o el divorcio. Algunas personas se sienten ansiosas cuando les presionan en el trabajo o tienen una relación complicada. El estrés continuo tal vez sea la razón más fuerte por la cual las personas se acostumbran a estar ansiosas.

### *En qué momento la ansiedad se vuelve un problema?*

La ansiedad se convierte en un gran problema cuando los síntomas son graves o continúan durante mucho tiempo. Así mismo, hay que lidiar con la ansiedad si la misma se produce con demasiada frecuencia o si comienza a preocuparse sin ningún motivo.

Ahora que sabe que la ansiedad es un círculo vicioso, ¿cuáles son los pasos que puede tomar para deshacerse de esta amenaza? Bueno, ya no tiene de qué preocuparse. Siga leyendo e infórmesesobre cómo controlar mejor sus episodios de ansiedad.

## Capítulo Dos: Maneras adecuadas de manejar la ansiedad

Después de leer las primeras páginas, sabe que la ansiedad se puede curar. Todo lo que necesita hacer es entrar en el círculo vicioso y aprender las formas más efectivas de manejar la ansiedad.

A continuación se presentan las diferentes áreas a trabajar:

1. Descifrar laa condiciones en que se produce la ansiedad.

2. Tratar los síntomas físicos.

3. Cambiar sus pensamientos.

4. Cambiar cualquier tipo de conducta vinculada con la ansiedad.

Todos sabemos loque podría desencadenar un episodio de ansiedad y antes de poder lidiar con los síntomas, lo mejor es descifrar las condiciones en que se produce la ansiedad.

Entonces, la pregunta es: ¿qué provoca la ansiedad? ¿Se estresa en alguna situación? ¿Su nivel de ansiedad empeora en algún momento en particular del día? ¿Hay alguna preocupación que lo ponga ansioso?

## *Estrés y ansiedad en la vida diaria*

Todos tenemos un sinnúmero de pensamientos que recorren nuestras mentes y generan un gran impacto. Quizá lo mejor que puede hacer para combatir la ansiedad es llevar un registro de sus pensamientos.

Durante un período de 2 a 3 semanas, mantenga un control diario del nivel de ansiedad y sus factores desencadenantes. Puede registrar estos eventos cada hora y anotar cualquier cosa que considere importante. Así mismo, califique su nivel de ansiedad en una escala del 0 a 10.

¿Cómo aparecieron los síntomas? ¿Estaba en casa o en el trabajo? ¿Qué estaba pensando? ¿Estaba haciendo una actividad estresante? ¿Sus niveles de estrés se encuentran elevados? Se sorprenderá al ver la cantidad de información que fluye a través de su mente y cuando vea sus pensamientos escritos en un papel, podrá entender claramente cómo un pensamiento negativo conduce a una acción más devastadora e incluso lo hace sentir peor.

Ya sea que el estrés esté relacionado con el tráfico, una carga de trabajo pesada, noticias desagradables o relaciones turbulentas, puede afectar su rutina, su productividad y, peor aún, su salud. Y es aquí donde lo mejor es llevar un registro diario de las condiciones en las que se encuentra.

La idea básica detrás de llevar un registro diario de las condiciones en las que se encuentra es poder obtener información de los problemas y el estrés que lo afectan, para poder analizarlos y luego manejarlos de una mejor manera.

### Pase del problema a la solución

Cuando identifique un problema real o algoen particular que lo estrese, es momento de darle una solución al problema. Una vez más, lo ideal es describir el problema y definirlo de la forma más clara posible.

Por ejemplo, si las facturas de su tarjeta de crédito le causan ansiedad, apunte el valor que debe y todas las soluciones posibles al problema. No piense en cuán importantes o efectivas sean las soluciones; El punto aquí es dar ideas que puedan ayudarlo a lidiar con las cuentas de su tarjeta de crédito.

Imagine lo que podría hacer para resolver este problema:

1. Acordar pagos más accesibles.
2. Revisarsu presupuesto mensual.
3. Conseguir un trabajo de medio tiempo.
4. Incrementar sus ahorros.
5. Vender su coche.
6. Consultar a un asesor financiero.
7. Reducir sus gastos.

Puede seleccionar las que considere son las mejores opciones y apuntar lo que debe hacer para solucionarlo. Una vez que haga un plan para hacer frente a las agobiantes facturas de las tarjetas de crédito, sus niveles de ansiedad mejorarán. Si está tratando de hacerle frente a un problema que le viene preocupando durante mucho tiempo, lo mejor es dialogarlo con un familiar de confianza o un amigo cercano.

## Capítulo Tres: Su estilo de vida es motivo de estrés?

No puede controlar lo que la vida le depara, pero tiene la capacidad de saber cuidarse. Esa es la idea. Cuidar adecuadamente su cuerpo y su mente puede ayudarle a manejar el estrés de forma más efectiva. A continuación presentamos algunas estrategias sencillas de cuidado personal que pueden mantenerlo en excelentes condiciones y lo que es más importante, lo ayudan a enfrentar los desafíos de la vida.

### 1. Dulces sueños

Dormir adecuadamente es importante para su bienestar físico y emocional. Desafortunadamente, la falta de sueño puede tener un impacto negativo en su salud y productividad. Pero a veces es difícil dormir cuando está ocupado y estresado.

Estos son algunos consejos efectivos que pueden ayudarlo a mejorar la cantidad y la calidad del sueño.

### Ejercicios

El ejercicio es un excelente factor para eliminar el estrés e incluso los ejercicios ligeros como pasear y hacer yoga pueden ayudarlo a dormir tranquilo.

### Escuchar música

Poner música relajante antes de acostarse puede ayudarlo a calmarse y liberar la tensión. De hecho, la música puede calmar su mente y su cuerpo hasta el punto de quedarse dormido de forma rápida.

### Arreglar la habitación

Si quiere descansar más tranquilo, duerma en una habitación limpia. Deshágase de las cosas innecesarias de su habitación que puedan ser motivo de estrés para su mente y cuerpo.

### Tomar un baño de burbujas

Tome un baño de burbujas con ingredientes antiestrés, tales como aceites esenciales y sales del Himalaya, mime su cuerpo y saque de su cabeza cualquier preocupación que tenga. ¡Combínelo con velas perfumadas y su baño se convertirá en un lujoso spa!

Si no quiere tomar un baño de burbujas antes de ir a dormir, remoje sus pies en agua que contenga aceite de lavanda y sales del Himalaya para una experiencia relajante.

## Masaje

Unos masajes antes de acostarse ayudan a aflojar los músculos y dormir más plácidamente.

## Meditación

La meditación antes de acostarse es una excelente técnica para calmar la tensión en la mente y el cuerpo. Puede usar la meditación para despejar la mente y alcanzar la paz interior.

## Vida sexual saludable

Una vida sexual saludable no solo mejora su relación, sino que también ayuda a liberar "hormonas de la felicidad" que fomentan el bienestar y permiten dormir de manera tranquila.

## 2. Mantener una adecuada alimentación

Resulta increíble que la ansiedad se produzca por una mala alimentación. Por otro lado, le sorprenderá la cantidad de estrés que puede soportar cuando se alimenta de forma adecuada.

Si se ha sentido ansioso, estresado últimamente, averigüe cuál de los siguientes errores ha cometido en la alimentación.

1. Consumir demasiada cafeína: demasiada cafeína en la sangre puede causar dificultad para dormir, falta de concentración y aumento de los niveles de cortisol, la hormona del estrés.

2. Antojo de alimentos con alto contenido en sal, azúcar y grasa.

3. Saltarse las comidas: si piensa que salir corriendo de la casa sin desayunar o saltarse el almuerzo es una buena idea para ahorrar tiempo, piénselo bien.

4. Comer en exceso: comer de forma desmesurada, comer cuando no tiene hambre hace más daño que bien.

5. No beber agua: si olvida beber agua, su cuerpo y su mente pueden tener problemas para funcionar de manera óptima.

6. Dieta radical: la mayoría de las personas

aumentan de peso cuando están estresadas y esto las hace probar dietas de moda peligrosas. Recuerde que las dietas que no están equilibradas o que no contienen la combinación correcta de carbohidratos, proteínas, grasas saludables, vitaminas y minerales son perjudiciales para su cuerpo y mente a largo plazo. No solo su cuerpo no puede funcionar correctamente, sino que se sentiría más fatigado, de mal humor y frustrado.

Planifique sus comidas y asegúrese de consumir la cantidad recomendada de nutrientes esenciales. Además, manténgase hidratado y beba al menos de 8 a 10 vasos de agua todos los días.

### 3. Hacer ejercicios diarios

15 a 20 minutos de ejercicio físico ligero pueden eliminar el estrés y mantener su cuerpo saludable. Salir a caminar por la mañana con una pelota antiestrés es un gran ejercicio. De hecho, las mascotas son maravillosos compañeros de entrenamiento. Si le gusta ir al gimnasio, eso es aún mejor. En pocas palabras, vaya

al gimnasio y libérese de los problemas, mantenga sus niveles de ansiedad bajo control.

4. Convivir con gente de su agrado

Contar con un gran apoyo social puede ayudarlo a llevar una vida más saludable y feliz. Los mejores amigos le apoyan cuando necesita desahogarse, cuando está triste e incluso cuando está confundido. Puede expandir su círculo social y hacer nuevos amigos, sin embargo, manténgase alejado de las malas influencias.

5. Estar concentrado

Cuando vea la ansiedad como un desafío y no como una amenaza, tendrá la capacidad de manejar mejor la situación. Ponga sus habilidades en práctica para resolver problemas y asuma los "desafíos" que la vida le depara.

6. Tener actitud positiva

Cualquier situación o experiencia sera menos o más estresante dependiendo de su punto de vista. Trate de ver las cosas desde un estado de ánimo optimista. Esto no solo disminuirá su nivel de estrés, sino que también tendrá más éxito en la vida.

## 7. Realizar actividades de relajación

Para reducir la intensidad de los síntomas de ansiedad, es necesario reconocer los primeros síntomas del estrés. Una vez que note los primeros síntomas de estrés, puede prevenir la ansiedad distrayendo su mente.

Realizar una actividad relajante distrae su mente y evita que la ansiedad se intensifique. A algunas personas les encanta relajarse haciendo yoga, escuchando música e incluso leyendo un libro.

## Capítulo Cuatro: Relajación muscular profunda para combatir la ansiedad

La relajación muscular profunda alivia los síntomas del estrés. Los siguientes ejercicios de relajación pueden ayudarlo a calmarse y combatir la ansiedad de la mejor manera posible.

A pesar de que las técnicas de relajación no eliminan la ansiedad de inmediato, se sentirá más seguro para poder lidiar con ella. Los ejercicios de respiración combinados con técnicas de relajación muscular pueden liberar el estrés de su cuerpo y despejar su mente.

No se preocupe si le resulta difícil realizar estos ejercicios y relajarse al principio. Es necesario ser paciente, ya que los grandes resultados vendrán con la práctica.

### *Control y relajación de la respiración*

Cuando se pone ansioso, empieza a respirar más rápido. A veces, puede empezar a tragar aire pensando que se va a asfixiar. La respiración inapropiada durante un ataque de pánico puede hacer que se sienta mareado y, por lo tanto, más ansioso.

Puede practicar la respiración controlada para lograr un ritmo normal. Primero, encuentre un lugar tranquilo donde no le molesten. A continuación, póngase cómodo: aflójese la ropa ajustada y los zapatos que lleva puestos. Es mejor realizar este ejercicio en el suelo o en una colchoneta para yoga. También puede sentarse en una silla o en una cama cómoda.

Una vez que se encuentre en una posición cómoda (siéntese con la espalda recta o recuéstese en el piso o la cama), coloque los brazos en el costado de su cuerpo con las palmas hacia arriba.

Si está sentado en una silla, coloque los brazos sobre el apoyabrazos o las piernas. Si está acostado en el piso, la colchoneta o su cama, estire las piernas para que queden separadas a la altura de la cadera. No cruce las piernas si está sentado en una silla o en su cama.

Ahora, concéntrese en su respiración: observe cómo inhala y exhala lentamente a un ritmo normal. Cálmese y trate de relajarse. Recuerde que debe llenar sus pulmones con aire sin tanta fuerza. Respire normalmente y piense que está tratando de llenar una botella vacía con agua.

Inhale lentamente por la nariz y exhale por la boca. Ahora, inhale lentamente y cuente del 1 al 5. Sin pensarlo, deje que el aire escape lentamente. Repita el conteo del uno al cinco cuando exhale.

Siga haciendo este ejercicio durante 3 a 4 minutos, dos o tres veces al día y cuando se sienta estresado. Respire normalmente sin detenerse o aguantar la respiración.

Como cualquier otra habilidad, la respiración controlada toma tiempo para aprender. Siga practicandolo a diario y siempre que se sienta estresado. Además, tome nota de lo ansioso que se siente antes y después del ejercicio, califique sus niveles de ansiedad en una escala del 0 al 10.

### Relajación muscular profunda

Este ejercicio dura alrededor de 15 a 20 minutos. Se enfoca en diferentes grupos musculares: el ejercicio consiste en estirar y relajar los diferentes músculos de su cuerpo para liberar la tensión y relajar la mente. Es recomendable respirar de forma normal mientras realiza el ejercicio.

Lo mejor es elegir una hora del día en la que se sienta más relajado. Encuentre un lugar cálido, cómodo y tranquilo, sin distracciones y muévase a una posición cómoda. Puede realizar estos ejercicios mientras está sentado o acostado.

Siéntese o acuéstese, cierre los ojos y concéntrese en respirar. Respire lenta y profundamente como se describe en el ejercicio anterior. Puede poner una música relajante para que se relaje. Tener velas perfumadas o un difusor de aceites esenciales también es una gran idea.

Al igual que con la respiración controlada, la relajación muscular profunda también requiere un poco de práctica antes de empezar a tener resultados. Para cada grupo muscular, mantenga el estiramiento durante unos segundos y luego relájese. Repita el paso un par de veces si lo desea. Note cómo se sienten sus músculos cuando está tenso y luego suelte esa tensión. Lo mejor es mantener el mismo orden que se menciona a continuación a medida que trabaja los grupos musculares.

**Muñecas y manos:**

Dirija las manos hacia usted para estirar las muñecas. Haga puño en ambas manos y luego estire los dedos y el pulgar para relajarse.

**Brazos:**

Estire los brazos alejándolos del cuerpo, sienta la tensión en la parte superior de su brazo. Mantenga la posición durante unos segundos y luego relájese.

**Cuello:**

Incline suavemente la cabeza hacia atrás y muévala de lado a lado. Ahora, mueva lentamente su barbilla hacia el pecho y lleve su cabeza hacia adelante a una posición cómoda.

**Cara:**

Hay varios músculos en su cara, pero sólo puede pensar en sus cejas y mandíbula. Presione las cejas como si estuviera frunciendo el ceño y relájese. Luego, apriete la mandíbula con fuerza y note la diferencia al relajarse.

**Hombros:**
Encoja los hombros y luego relájelos.

**Pecho:**
Respire profundamente - sienta sus pulmones inflarseprofundamente, manténgalos inflados por unos segundos y luego exhale lentamente.

**Piernas:**
Estire la pierna y mueva los dedos de los pies. Luego, extiendalos dedos de los pies, vuelva a la posición normal y relájese.

Permanezca recostado en silencio por un momento una vez que haya terminado con su ejercicio de relajación. Mantenga los ojos cerrados por unos minutos. Cuando esté listo, estírese y levántese lentamente.

## Capítulo Cinco: Cambiar su forma de pensar vinculada con la ansiedad

Cuando su mente deja de preocuparse por los síntomas, descubrirá que la ansiedad a menudo desaparece repentinamente. Eche un vistazo a su alrededor. ¿Qué tipo de personas están caminando a su alrededor? De qué están hablando?

La ansiedad puede ser incómoda, pero la relajación muscular profunda y los ejercicios de respiración pueden ayudar a reducir esta molestia. Como se dijo anteriormente, sus pensamientos negativos pueden seguir manteniendo el círculo vicioso de ansiedad.

Por ejemplo: está atrapado en el tráfico y, de repente, siente dolor en el pecho. Todo tipo de pensamientos terribles comienzan a pasar por su mente: "¡tal vez me está dando un ataque al corazón!" Esto, por supuesto, es aterrador y, lo que es peor, es que este pensamiento hace que su corazón se acelere aun más.

Si bien puede imaginar una ambulancia en camino, piense en lo siguiente:

1. ¿Qué pensamientos pasan por su mente

cuando está ansioso?

2. ¿Hay algún pensamiento que lo haga sentirse peor?

3. ¿Se imagina lo peor que puede pasar?

No siempre es fácil saber qué es lo que puede empeorar sus niveles de ansiedad. Pero hay que recordar que los pensamientos son importantes. Ningún pensamiento es demasiado pequeño o demasiado tonto. Recuerde la última vez que se sintió ansioso y vea si puede anotar los pensamientos aterradores en un diario. Una vez que sepa lo que está pensando, puede romper el círculo vicioso de ansiedad al distraer sus pensamientos. Pregúntese:

1. ¿Todo lo exagera? - ¡Nada dura para siempre!

2. ¿Se precipita? - ¡Tengo un dolor en el pecho, debe ser un ataque al corazón!

3. ¿Siempre se enfoca en lo malo? - Tuve un día terrible y aún falta lo peor.

Su objetivo debe ser llenar tu mente con pensamientos concretos, es decir, receptarlos pensamientos que son motivo de ansiedad y responderlos con pensamientos positivos casi al instante.

Cambiar la conducta vinculada con la ansiedad también puede ayudarlo a enfrentar los molestos síntomas. Por supuesto, cambiar los pensamientos y la conducta lleva tiempo, pero la mejoría se empezará a notar de forma progresiva.

Como cualquier otra actividad, necesita fijarse metas pequeñas. ¿Tratade escapar de situaciones que lo ponen ansioso? Cuanto más tiempo se queda en una situación aterradora; Usted creerá que sus niveles de ansiedad seguirán empeorando y empeorando, pero curiosamente, este no es el caso. La ansiedad, por lo general, alcanza un nivel alto y luego comienza a desaparecer.

En lugar de aferrarse a los pensamientos que causan ansiedad, verifique si dichos pensamientos en verdad pueden suceder. Recuerde que cuanto más tiempo evite algo, más difícil le parecerá superarlo y esto, a su vez, lo pondrá más ansioso.

## Capítulo Seis: Maneras de acabar con la ansiedad social

Las personas con ansiedad social como usted pueden sentir algún miedo y evitar situaciones de tipo social. Les asusta el hecho de que las personas los van a juzgar o, peor aún, van a hacer algo vergonzoso.

La ansiedad social se convierte en un problema cuando comienza a interferir en su vida profesional y personal. El primer paso para controlar la ansiedad social consiste en conocer sus síntomas.

¿Se siente nervioso hablando con un compañero de trabajo? ¿Experimenta síntomas como rubor, sudoración, aumento de palpitaciones al hablar en una reunión?

Sentirse ansioso es incómodo, pero aprender a relajarse puede facilitarle la vida. Los ejercicios de respiración controlada y relajación muscular mencionados en la sección anterior pueden ayudarlo a calmarse de manera inmediata. Recuerde que estas estrategias no eliminan la ansiedad por completo, pero ayudan a controlar la tensión en general y el estrés que son la causa de los problemas de ansiedad.

## *Diagnóstico*

Suele tener pensamientos negativos acerca de su persona y lo que sucederá en situaciones de tipo social cuando esté ansioso. Los pensamientos comunes incluyen:

1. A nadie le agrado.
2. Voy a decir algo tonto.
3. Haré algo estúpido y la gente se reirá.
4. No soy tan inteligente y guapo como otras personas.
5. A nadie le gusta hablar conmigo.
6. Los demás creen que soy aburrido.

Es importante darse cuenta de que sus pensamientos son simples suposiciones. Así que pregúntese qué es lo peor que puede pasar. Anote sus miedos y pensamientos negativos que pasan por su cabeza en ese momento. También es bueno averiguar si sus pensamientos le generan algún beneficio y, lo más importante, si se basan en hechos reales.

Aquí hay algunas preguntas que le

ayudarán a evaluar sus pensamientos.

1. ¿Estoy 100% seguro de que _____ sucederá?

2. ¿Hago lo que _____ dice para alcanzar mis metas?

3. ¿Qué es lo peor que podría pasar?

4. ¿Soy responsable de lo que se menciona en cualquier conversación?

5. ¿Qué puedo hacer para manejar esta situación?

6. ¿Tengo que complacer a todos?

7. ¿Cuál es la mejor manera de controlar esta situación?

¿Es cierto que su mente se queda en blanco cuando hay una reunión? ¡No, no al 100%!

¿Cuántas veces ha dicho algo estúpido en una fiesta? Bueno, un par de veces, pero no siempre.

La conclusión es que todos cometen errores. Eso es correcto, nadie es perfecto. Además, es muy poco realista pensar que usted va a ser de agrado de cada persona... ¿todos le caen bien? ¿No ha visto cometer algún error a su CEO en la reunión? Está bien sentirse ansioso e imperfecto. De hecho, es parte de ser humano. En lugar de evitar situaciones de tipo social, luche contra sus pensamientos negativos y enfrente sus miedos.

Haga una lista de las situaciones de tipo social que teme - puede incluir hablar en público, socializar, comer / beber frente a otras personas, interactuar con nuevas personas y hablar con autoridades.

Una vez que haya hecho la lista, ordene sus temores desde los menos aterradores hasta los más terroríficos y vea qué puede hacer para enfrentarlos.

Por ejemplo, si está preocupado por decir algo tonto, deje que los demássigan conversando para que la atención se centre en ellos. Puede hablar lo menos posible para evitar llamar la atención sobre su personalidad.

Una vez que adquiera confianza para enfrentar situaciones de tipo social, enfóquese en expandir su red social. Ingrese a un gimnasio o club deportivo local para comenzar a interactuar con nuevas personas. No espere hacer nuevos amigos cuando se encuentre con ellos por primera vez. Recuerde que lleva tiempo desarrollar nuevas amistades y relaciones. Mejorar sus habilidades de comunicación y desarrollar su confianza en sí mismo puede ayudarlo a superar la ansiedad social de manera efectiva. Recuerde que manejar la ansiedad social requiere de un arduo trabajo. Incluso si está notando pequeñas mejorías, mantenga los cambios y conviértalos en un hábito. Es efectivoaun después de que haya alcanzado sus metas y haya empezado a sentirse mejor.

## Capítulo Siete: Ocho pasos para tener amor propio

Quiere dar amor y afecto a todos los que le rodean, pero ¿qué hay de usted? ¿Tiene tiempo para usted mismo? Recuerde que no puede derramar un vaso vacío. Si quiere ser bueno en dar a los demás, empiece por tener amor propio aplicando algunos sencillos consejos.

### 1. Aprenda a calmarse

Comience con la respiración lenta y profunda, también puede practicar ejercicios de respiración para una relajación profunda. Elimine los pensamientos negativos de su mente y piense en los factores estresantes con los que se enfrenta a diario. Ahora, dese un buen masaje de pies o un buen estiramiento corporal. Debe enfocar sus pensamientos en cosas positivas que están sucediendo ahora, en ese momento.

La meditación es una excelente manera de relajar la mente y el cuerpo. Después de una breve sesión de meditación de 10 a 15 minutos, se sentirá más relajado, revitalizado y tranquilo.

## 2. No es cuestión de ser perfecto

Deje de aterrorizarse con la idea de ser perfecto. De hecho, es una manera terrible de vivir. Aprecie sus habilidades y cualidades, y siéntase bien consigo mismo. A menudo no estamos acostumbrados a identificar aspectos positivos o cualidades propiamente nuestras. Averigüe lo que lo hace especial y cuáles son sus aspectos positivos: ¡después de todo, existen!

## 3. No es como dicen los demás

Desafortunadamente, la gente siempre encontrará una cualidad negativa, por lo que es mejor ignorar. Adopte una actitud positiva de sí mismo, ignore las críticas más comunes y las opiniones negativas de los demás. Siéntase orgulloso de quién es y de lo que ha logrado como persona. Le hará sentir mejor.

## 4. No sea duroconsigomismo

¿Con qué frecuencia se culpa por los errores que ha cometido anteriormente? Bueno, es perfectamente humano hacer las cosas mal y este es el momento adecuado para dejar de pensar en las cosas que no hizo bien.

Además de perdonarse a sí mismo, aprenda de sus errores y siga adelante. Recuerde que amarse a sí mismo significa amar todo de usted, incluso sus errores.

**5. Eliminelospensamientosnegativos**

Los pensamientos negativos arruinan su vida. Cuando las emociones negativas como el estrés, la ansiedad, la frustración y el odio llenan su mente, es incapaz de luchar contra los numerosos obstáculos que hay en la vida. Lo peor es que los pensamientos negativos agotan su energía. Cuanto más se rinda ante ellos, más fuertes se volverán. Tener una actitud positiva puede ayudarlo a deshacerse de los pensamientos y emociones negativos.

Cuide sus pensamientos, porque se convierten en palabras.

Cuide sus palabras, porque se convierten en acciones.

Cuide sus acciones, porque se convierten en hábitos.

Cuide sus hábitos, porque se convierten en su personalidad.

Cuide su personalidad, porque se convierte en su destino.

### 6. Comprender que ustedesúnico

Las cosas buenas sólo suceden cuando comienza a creer que valen la pena. Cambie las típicas formas de pensar y recuerde que sólo usted puede cambiar su destino. Eso es correcto. Es la única persona que tiene control sobre su vida. No espere a que los demás le amen o le hagan sentir especial. Su vida comenzará a cambiar cuando cambie lo suficiente. Valórese a sí mismo antes de convencer a alguien más para que lo haga por usted.

### 7. Descubra qué es lo mejor para su vida

Deshágase de las malas influencias; es más, deshágase detodas las fuerzas negativas en su vida. Comience a pensar positivamente, haga una dieta saludable y duerma lo suficiente. También puede dedicar tiempo a hacer lo que le gusta para que su vida tenga sentido y, lo más importante, sea feliz.

### 8. Dediquetiempo para símismo

Debido a que todos estamos tan ocupados, ¿cómo puede dedicar tiempo para usted? Las exigencias de la vida y las expectativas de quienes le rodean pueden hacer que sea un gran desafío el poder pasar tiempo consigo mismo. Para tomarse un tiempo, averigüe por qué necesita más tiempo para usted. Después de todo, estará más motivado en esforzarse si tiene un objetivo específico en mente.

A continuación, identifique cómo pasa su tiempo. La clave está en es seguir preguntándose si está dedicando su tiempo a la actividad correcta.

Por último, anote todas las actividades que desea hacer más; éstas pueden ser cosas que lo hagan sentir feliz y relajado. Clasifique las actividades en orden de importancia para usted y luego seleccione una o dos para enfocarse en ellas.

## Conclusión

¿Cuántas veces ha pensado en rendirse porque no pudo hacer nada contra la ansiedad? Después de leer esta guía de autoayuda, sabrá lo que hay que hacer para superar los síntomas de la ansiedad, cómo puede pasar tiempo de calidad con sus seres queridos y sentirse bien consigo mismo.

Esperamos que esta breve guía pueda aumentar su nivel de felicidad y disminuir su nivel de ansiedad. Recuerde que hasta los cambios más pequeños cuentan, así que no comprometa lo que realmente le gustaría hacer y mejore su vida.

Esta guía de autoayuda es el primer paso hacia el cambio. La conclusión es que necesita rodearse de positivismo para tener una mentalidad más optimista y positiva. Definitivamente se sorprenderá al ver la diferencia que provoca un simple cambio en sus pensamientos.

# Parte 2

# Introducción

Felicitacionesy gracias de antemano por descargar este libro.

Los siguientes capítulos te enseñaran sobre los pros y contras de la ansiedad, así como la manera de poder lidiar con ella de manera exitosa. En el mundo actual, muchas cosas provocan ansiedad en las personas, gracias en gran medida, a las demandas de la sociedad moderna y a las presiones que se añaden día a día. De hecho, existe más gente de la que imaginas sufriendo de ansiedad y estrés. La buena noticia es que hay maneras para vencer la ansiedad y vivir una vida más feliz.

Este libro te dará un buen fundamento y entendimiento de lo que es la ansiedad. Se habla sobre las básicas, como que significa la ansiedad, los diferentes tipos, causas, signos, síntomas y más. También se habla sobre tu relación con el mundo y contigo mismo, ya que, las personas que sufren de ansiedad por lo general enfrentan problemas sociales y de afinidad. Al final, se establecen las maneras para deshacerse de la ansiedad de manera natural; revela las mejores prácticas que deberías cumplir para liberarte de ella.

Existen muchos libros en el mercado que tratan sobre este tema, ¡gracias una vez más por escoger este! Cada esfuerzo se realizó para asegurar que contenga tanta información útil como sea posible. También habrá algunos **regalos** gratis dentro, así que, presta atención y estate alerta. ¡Disfrútalo!

## Capítulo 1: Las Básicas

### *¿Qué es la ansiedad?*

El término *ansiedad* abarca varios trastornos de salud mental que llegan en forma de miedo, aprensión y preocupación, y si no se trata puede empeorar con el tiempo. La ansiedad puede afectar la manera en que una persona piensa, siente y se comporta. A pesar de que la ansiedad pueda ser leve, hay casos en donde puede quebrantar la vida de una persona. Si te das cuenta de que te sientes estresado/a o preocupado/a por algún tiempo sin razón, o si la cantidad de miedo o estrés ya no es proporcional a la situación, entonces es muy probable que estés presentando ansiedad; con las demandas de la vida moderna, hay mucha gente con ansiedad en el mundo, por lo que debes aprender y entender que es realmente la ansiedad para evitar caer dentro del mismo inconveniente.

El problema con la ansiedad es que impide

a una persona de verdaderamente disfrutar y vivir su vida. Si dejas que la ansiedad domine tu vida, definitivamente terminara controlándote, llenando tu vida de miedo y preocupación. Para que seas feliz, tienes que liberarte de las cadenas de la ansiedad; la buena noticia es que sin importar que clase de problemas de ansiedad puedas tener, siempre existirá una solución para ti, sin embargo, no hay una medicina milagrosa que puedas tomar para liberarte de la ansiedad. Para liberarte de ella y tener una vida más feliz necesitarás tener un deseo muy fuerte y determinación.

Ante todo, la ansiedad existe en la mente, sin embargo, a diferencia de la mayoría de los pensamientos que puedes desechar o ignorar de manera fácil, la ansiedad tiene un peso más fuerte. Sentirás constantemente preocupación al punto de que sientas sensaciones físicas o síntomas; la ansiedad quebranta la vida con miedo y preocupación. Si sufres de ansiedad o alguien a quién aprecias se siente agobiado por ella, recuerda: una persona tiene poder sobre su ansiedad. Nunca permitas que te controle, puedes superarla, mereces ser feliz.

### *Ansiedad vs Estrés*

¿Hay alguna diferencia entre ansiedad y estrés? Muchas personas utilizan estos términos como sinónimos y la respuesta es *sí*, la ansiedad y el estrés son diferentes entre sí. El estrés es provocado por un estresante o cualquier factor causante de estrés, por ejemplo, si tienes problemas económicos, entonces esos problemas pueden darte estrés. Si no es más que enfrentar el estrés, entonces es normal, de hecho, cualquier problema o reto en la vida puede darte cualquier tipo de estrés. ¿Y sobre la ansiedad? La ansiedad es cuando te sientes ansioso incluso cuando el factor causante de estrés ha terminado, puedes considerarlo como un estrés sin razón o prolongado que atribuyes a cosas especificas pero que se activan por sí mismas fácilmente. El estrés es normal, sentirse ansioso no lo es.

En la era moderna, la mayoría considera la ansiedad y el estrés como sinónimos, el estrés es la manera en cómo el cuerpo o la mente reacciona a cosas, en especial, al lidiar con los problemas; la ansiedad va más allá del estrés. También hay una razón por la cual la gente considera la ansiedad y el estrés como sinónimos; la ansiedad usualmente depende de cómo la persona maneja el estrés, si permites que te controle, es muy probable que termines con ansiedad. Esta es la razón por la cual es importante que aprendas a manejar tus niveles de estrés. Considerando el estilo de vida moderno, es muy fácil estar expuesto al estrés a diario: estrés en el trabajo, estrés al no ser capaz de comprar algo que se promociona en la televisión y estresores sociales, solo por nombrar algunos. Puedes considerar la ansiedad como un estrés que termina controlándote en lugar de ser al revés, también vale la pena señalar que algunas personas son más propensas al estrés y otras se sienten afectadas con más facilidad por niveles normales de estrés que pueden ocasionar ansiedad. Lo bueno es que existe una diferencia entre enfrentar estrés (que es inevitable) y estar estresado (que es evitable) todo depende en como lo manejes.

### Tipos de Ansiedad

Una persona con ansiedad puede tener una experiencia diferente de otra que también sufre de lo mismo, eso se debe a que existen diferentes tipos de ansiedad y cada quién va a reaccionar de manera diferente a los mismos niveles de ansiedad. Hay una ansiedad que es fácil de manejar, aunque pueda tener un efecto duradero; también hay una forma de ansiedad que desencadena ataques fuertes de ansiedad, que pueden ser muy incómodos. Debido a esto, los psicólogos han clasificado la ansiedad en diferentes tipos, voy a explicar uno por uno:

➢ Trastorno de Ansiedad Generalizada

Este es el tipo más común de ansiedad, y ha afectado a una incontable cantidad de personas por generaciones, aunque los casos han aumentado notoriamente en el siglo veintiuno. El trastorno de Ansiedad Generalizada o TAG se define como una ansiedad donde experimentas una tensión física y mental continúa, así mismo nerviosismo, incluso si no hay una causa específica que la provoque, o un estado donde no puedes hacer una pausa a tu ansiedad. En pocas palabras, aquí es donde la ansiedad consigue controlarte e indicarte como debes sentirte en una situación específica, te hará sentir al borde y siempre con estrés. Ten en cuenta que sentirse estresado y estresarte de vez en cuando es normal, sin embargo, si te estresas sin razón alguna o si la cantidad de estrés es más alto de lo que debería, entonces puedes estar sufriendo de TAG.

Toma nota que los que sufren de TAG pueden, ya sea lidiar con ansiedad física o mental o las dos al mismo tiempo.

➢ Fobia Social

La fobia social también se conoce como ansiedad social, que es cuando te da miedo estar en una situación social si ninguna razón más que la presencia de personas ahí. Donde la interacción con otro ser humano te hace sentir incómodo, si piensas un poco en ello, este tipo de ansiedad es extraña ¿por qué tendrías una fobia para interactuar con otra persona? Si estás lidiando con fobia social, incluso si entiendes de manera racional que la pregunta anterior es cierta, no serás capaz de traducir esos pensamientos en acciones, después de todo eres un ser humano. Está se caracteriza por timidez extrema y una inhabilidad para hablar en situaciones públicas, la gente con una fobia social se preocupa demasiado sobre los que otros piensen de ellos hasta el punto que les impide realizar con facilidad mucho de nada; tienen miedo de cometer errores, de decir a veces algo que disgusteal otro y en general, se preocupan de avergonzarse a sí mismos. La cosa sobre la fobia social es que el miedo es sin fundamentos e irracional, las personas que sufren este tipo de ansiedad evitan situaciones sociales tanto como sea posible.

➢ Agorafobia

Esto se refiera al miedo de estar en un lugar público, también se refiera a estar en un lugar desconocido o incluso en lugares abiertos en general. Las personas con agorafobia casi nunca salen de su casa, y a veces se resisten a viajar, se vuelven un recluso escondiéndose en su casa. Este tipo de ansiedad puede desencadenar ataques de pánico mientras se encuentra uno afuera; el miedo de tener un ataque de pánico en público agrava la situación y desanima mucho más a salir, complicando aún más el problema, por lo tanto, las personas que sufren de agorafobia sentirán y se convencerán que lo mejor es quedarse en casa. Por supuesto esto no es cierto, de hecho, quedarse en casa y obedecer lo que dice tu ansiedad es una manera segura de ponerse más ansioso.

➢ Trastorno del pánico

El trastorno del pánico no se trata simplemente de preocuparse o entrar en pánico, más bien es más severo en el sentido de que, puede ser tan intenso que las personas con un trastorno del pánico que se sale de control, pueden terminar hospitalizadas. Por lo tanto, el trastorno de pánico es un tipo de ansiedad grave que puede tener efectos adversos en la vida y la salud de una persona.

El trastorno de pánico generalmente se desencadena por factores que causan estrés, pero también puede desencadenarse nada más por la mente de la persona que la sufre. Una persona que sufre de este trastorno puede experimentar ataques de pánico físicos y mentales intensos como sudoración excesiva, latidos cardíacos rápidos, dolor de pecho y / o estómago, mareos, entre otros. El trastorno de pánico severo puede hacerte sentir como si estuvieras condenado y a punto de morir, puede hacer que te sientas impotente hasta el punto de que ya no entiendas la situación, incluyéndote a ti mismo. También es posible que una persona tenga este trastorno sin experimentar ningún tipo de ataque de pánico, de hecho, este es uno de los tipos de ansiedad más complicados y difíciles de entender.

➢ Trastorno por estrés postraumático

Conocido simplemente como trastorno de estrés postraumático o TEPT, este tipo de ansiedad generalmente ocurre justo después de que una persona experimenta una situación traumática, ya sea física o emocionalmente. Las personas que tienen trastorno de estrés postraumático suelen revivir una experiencia traumática en su mente, que puede causar un gran miedo. A veces, pueden recordar su horrible situación tan claramente que es como si estuvieran volviendo a experimentarla de nuevo, naturalmente, esto puede causar miedo intenso y estrés. De igual forma puede hacerte sentir afligido o desesperanzado; te preguntas muchos "¿y si?" al pensar en el desastre por el cual pasaste, lo que te podría hacer sentir con falta de poder. Si se vuelve serio, entonces se puede volver complicado vivir con TEPT.

➤ Trastorno Obsesivo – Compulsivo

El trastorno obsesivo – compulsivo o sólo TOC es un tipo común de ansiedad, y a pesar de ser común, puede ser un trastorno destructivo sino se trata de manera adecuada. Las personas con TOC muestran comportamiento que pueden causar confusión a los demás incluso a los que padecen TOC.

Cuando se habla de TOC, la gente piensa en algún tipo de obsesión, sin embargo, se tiene que señalar que las obsesiones y la compulsión en el TOC no son lo mismo. La obsesión existe en el campo de los pensamientos, en especial los que son extremadamente temerosos y llenos de tensión, no obstante, a diferencia de otros pensamientos, estos son mucho más difíciles de ignorar y pueden seguir molestándote en tu mente. La compulsión se basa en el comportamiento, es tener un sentimiento fuerte o urgencia de hacer algo de una manera específica; el problema con esto es que incluso si la persona involucrada trata de no hacerlo, al final se siente injustificadamente obligado a hacerlo. De nuevo, este es otro ejemplo donde la ansiedad es la que dirige las acciones de la persona, lo que lo vuelve un caso serio. Al igual que otros trastornos de ansiedad, el TOC se basa en el miedo injustificable, por ejemplo, tener miedo de que algo malo vaya a pasarle a alguien querido al menos que toques una puerta; la obsesión y la compulsión pueden existir al mismo tiempo.

Tal vez te estés preguntando "si es irracional ¿por qué hacerlo?" esta es una buena pregunta. La respuesta es que a pesar de que es claramente irracional para una persona sin ansiedad, se sentirá como que eso es lo correcto para alguien que tiene TOC, peor, sienten que no pueden controlarlo hasta el punto que la ansiedad es quien los controla.

➤ Fobias específicas

Como el nombre lo indica es el miedo a una situación específica, animal, actividad o objeto; es un tipo común de ansiedad, de hecho, mucha gente tiene una fobia en específico, por ejemplo, una persona puede sentirse ansiosa de subirse a un elevador, un avión, o incluso sentir ansiedad de las arañas o serpientes. Se debe señalar que el miedo es normal, por lo tanto, si le tienes miedo a una serpiente eso no quiere decir que automáticamente tengas un trastorno de ansiedad específico, no obstante, la gente con este tipo de trastorno siente un miedo mucho más grande que de lo normal, por ejemplo, es normal encontrar gente que le tenga miedo a las agujas o a las inyecciones, sin embargo, no será un gran problema el sacarles sangre.

Esto quiere decir que a pesar de que sientan miedo, ese miedo es manejable. La gente que tiene una fobia en específico con las inyecciones hará todo lo posible para evitarlas sin importar que. Cuando lidias con una fobia en específico de cualquier tipo, el miedo o preocupación que sientes es mayor de lo normal de lo que se esperaría de una persona en una situación similar.

Las personas que sufren de este trastorno saben que el miedo que sienten es exagerado e irracional, sin embargo, parece que no pueden hacer nada al respecto. Su ansiedad llega hasta el punto en donde está fuera de control que es sobrecogedor, igual es normal que experimente síntomas físicos como mareos, dolor de pecho, ahogamiento, latidos rápidos y fuertes del corazón, nausea, entre otras.

## *Causas de la ansiedad*

Así como hay diferentes tipos de ansiedad, también existen diversas causas. Puede deberse a una condición física o mental, un efecto del consumo de drogas y otras medicaciones, experiencias de vida o incluso una combinación de todos estos factores.

> ➢ Condiciones mentales

La mente es el elemento clave que crea ansiedad y como dice el dicho: "la calidad de tu vida depende de la calidad de tus pensamientos", lo mismo aplica cuando lidias con la ansiedad. Por una parte, si te llenas de pensamientos negativos, entonces es muy probable que sufras de un tipo de ansiedad de una forma u otra; si llenas tu mente de pensamientos positivos, entonces tendrás una forma efectiva de superarla y además puede servir como una medida preventiva efectiva contra la ansiedad. El pánico y los trastornos de fobias son un tipo de ansiedad que se elevan por ciertas condiciones mentales, sin embargo, debes tomar en cuenta que la mente se puede entrenar para responder de manera diferente a las cosas que provocaron anteriormente la ansiedad o estrés. A pesar de que tome tiempo y esfuerzo

➢ Abuso de sustancias

Los estudios muestran que cerca del 50% de los pacientes con trastornos de ansiedad lidian con sus problemas debido al abuso de sustancias. Son ocasionados mayormente por la dependencia al alcohol, metanfetamina, cocaína y otras. Además, alejarse de manera rápida de tales drogas como la heroína pueden ocasionar con frecuencia algún tipo de trastorno de ansiedad.

➢ Genética

De acuerdo a investigaciones, si la ansiedad está presente en el historial familiar de una persona, entonces es muy probable que pueda desarrollarla. Algunas personas se ven afectadas con facilidad y están más propensas a padecerla, pero recuerda que, incluso si tienes un historial familiar de ansiedad, no significa que nunca podrás prevenirla o luchar contra de ella, sólo incrementa las posibilidades de desarrollarla en primer lugar; y no, no te vuelve incapaz, así que, si la ansiedad está presente en tu historial familiar, te sentirás más alentado a aplicar las técnicas de este libro.

➢ Química cerebral

La ansiedad existe en la mente, y sí, es muy probable que algunas personas que padezcan ansiedad debido a que sus cerebros están programados para tener más ansiedad que otros. Están los que tienen niveles anormales de neurotransmisores y están más propensos a sufrir de ansiedad, además si los neurotransmisores del cerebro no están trabajando bien, la comunicación interna del cerebro puede romperse lo que ocasionaría que el cerebro responda de manera inadecuada, obviamente esto puede desencadenar la ansiedad.

➤ Factores externos

El medio ambiente y las cosas que experimentas en la vida pueden conducir a la ansiedad, el estrés del trabajo, de la escuela, o incluso de la vida diaria pueden llevar a la ansiedad si no se maneja de manera adecuada, de igual forma, el estrés de la relaciones personales puede ocasionarla; en cuanto al medio ambiente, un lugar localizado en una altitud muy elevada puede ser un factor adicional que ayuda a conducir a la ansiedad debido a la falta de oxígeno en tal lugar. Vale la pena señalar que el medio ambiente no sólo se relaciona con el espacio geográfico sino también con las personas que interactuamos. El caso es que los factores externos, cualquiera que pueda ser, te afectan a ti y a tu vida diaria; lo que, por supuesto, ocasiona el estrés. Si está se sale de control, puedes esperar que se tenga que lidiar con ansiedad.

➢ Factores de la personalidad

Si, incluso la personalidad de alguien puede ocasionar la ansiedad, por ejemplo, los niños perfeccionistas es muy probable que desarrollen ansiedad más adelante. Los niños con una falta de autoestima están más propensos a que tengan ansiedad social.

➢ Situaciones de estrés

Situaciones no deseables y estresantes pueden causar ansiedad, por ejemplo, un rompimiento, un accidente, una situación vergonzosa, sentirse infeliz en el trabajo, problemas económicos, entre otros, pueden llevar a la ansiedad. Recuerda que donde haya estrés, la ansiedad tiene la posibilidad de existir, después de todo, la mayoría de los trastornos de ansiedad empiezan como un simple factor causante de estrés, que si no se trata de manera adecuada, es muy posible que se convierta en un tipo de ansiedad.

➢ Combinación de factores

Vale la pena destacar que la ansiedad puede ser causada por más de un factor. Normalmente la razón por la cual la gente se estresa de una simple experiencia es porque ya arrastran estrés desde hace mucho tiempo en su vida, por ende, una combinación de problemas económicos, accidentes, problemas sociales, problemas en el trabajo, entre otros, pueden llevar a un caso de ansiedad. Cuando se trata de tu ansiedad, tienes que tener una mente abierta y considerar todo.

➢ Eventos desafortunados

***Signos y síntomas***

Así como cualquier otro trastorno, existen signos y síntomas a considerar cuando una persona sufre de ansiedad. A continuación se muestran los síntomas notables relacionados a la ansiedad:

- Miedo y pánico
- Inquietud
- Falta de aire
- Náusea

- Boca seca
- Sudor o cosquilleo en las manos
- Problemas del sueño
- Dolor de pecho
- Palpitaciones del corazón
- Mareo
- Inhabilidad para mantenerse calmado

Si estás lidiando con la ansiedad, puede que experimentas cualquiera o varios de los signos o síntomas antes mencionados. Vale la pena señalar que no es suficiente basarse en estos signos, sin embargo son de mucha ayuda para darte una idea o al menos un mensaje de que puedas estar sufriendo de ansiedad. En un estudio llevado acabo entre personas que sufrían dolores de pecho, un problema que usualmente es atribuido a enfermedades del corazón, se descubrió que casi el 50% de los sujetos no tenían ningún problema del corazón pero si estaban presentando problemas de ansiedad.

Si existe algún pensamiento negativo o

cierto temor que tengas que continúe apareciendo, entonces tendrías que comprobar que no estés presentando ansiedad. Usualmente la ansiedad aparece en forma de miedo o pánico, lo que provoca que sientas preocupación o inquietud; cuando compruebes los signos y síntomas es importante que hagas un juicio completamente honesto y justo.

### ¿Es curable?

La buena noticia es que existe una cura para la ansiedad, sí, leíste bien, puede curarse. Hay personas que lograr superar la ansiedad en pocos días o semanas, mientras otros luchan contra ella por varios años sin lograr superarla completamente. Hay dos puntos principales a considerar: el tipo de ansiedad que puedas tener y la manera en como respondes a ella. En efecto, algunos trastornos de ansiedad son más fáciles de manejar, mientras que otros parecen imposibles de superar. Nunca olvides que sin importar que clase de ansiedad estés presentando, es algo que puedes superar, es curable; sin embargo, no esperes que el proceso de curación suceda de manera rápida y fácil. Tienes que tener paciencia y apegarse a las mejores prácticas para luchar contra la ansiedad, recuerda que con esfuerzo, paciencia y perseverancia pronto serás capaz de liberarte de cualquier y de todo tipo de ansiedad.

## Capítulo 2: El Mundo y Tú

### *La ansiedad y el mundo moderno*

En efecto, existen más personas en la actualidad luchando contra la ansiedad que mucho antes, las abundantes demandas y expectativas del mundo moderno tienden a hacer más fácil que las personas se sientan mal con ellas mismas, dejándolas con ansiedad; sienten estrés con su familia, en el trabajo, por asuntos económicos, con las personas que los rodean, incluso interiormente, por lo tanto, muchas personas hoy en día se interesan por aprender como liberarse del estrés y a pesar de que la ansiedad no es lo mismo que el estrés, éste suele provocarla.

El mundo moderno es un ambiente altamente estresante con todas sus máquinas de alta tecnología e innovaciones; con todos los medios de comunicación; el revuelo publicitario y expectativas. Es normal encontrar personas que se sientan estresadas e infelices con su trabajo, ten en cuenta que la infelicidad también es causada por la ansiedad. Tristemente, mucha gente hoy en día no se siente feliz con su vida, por ejemplo, hay quiénes tienen un trabajo solo para ganar dinero y no porque sea algo que amen hacer, lo que significa hacer algo que no te interesa por 8 horas a diario.

Solo imagina la cantidad de estrés y tristeza que esto produce con el tiempo; Igualmente, hay personas que persiguen o intentan encontrar lo que otros esperan de ellos, en lugar de vivir su vida de acuerdo a la manera que ellos quieren en verdad vivirla. El problema es que hay demasiadas personas que quieren ganar en este mundo, sin embargo, al intentarlo, necesitan hacer cambios hasta el punto en que se olvidan de quiénes son.

Si permites que el mundo moderno dicte tu manera de vivir, entonces es fácil darse cuenta porque terminas con una ansiedad grave. Si quieres vivir una vida libre de ansiedad, e incluso libre de estrés, tienes que tener tus propios estándares de lo que significa tener una vida exitosa; vive tu vida de la manera que quieres. No dejes al mundo moderno, con todas sus exageraciones, decirte como debes vivir. En su lugar, haz tu propio camino y no bases tu felicidad en lo que los otros puedan pensar o decir de ti. Muchos trastornos de ansiedad vienen de fallar en lograr las expectativas o el miedo a fallar para complacer a otras personas; sólo tienes que complacerte a ti mismo y vivir la vida a como lo veas más apto. No es de extrañar que mucha gente este triste y ansiosa en la actualidad, son manipulados para que piensen que deben vivir de acuerdo a las expectativas del mundo, en vez de disfrutar cada día de su existencia.

Por su puesto que el mundo no es completamente malo o un lugar estresante, hay aún esas personas que no han olvidado la importancia de en verdad vivir su vida and seguir su sueño, se sugiere que te rodees de este tipo de personas y darse cuenta que el mundo es todavía un bello lugar y que cada segundo es un milagro. Considera cada día un regalo para experimentar los milagros de la vida.

## Se consciente de tus pensamientos

Como dice el viejo dicho "La felicidad de tu vida depende de la calidad de tus pensamientos". Este no es sólo un dicho sino también revela la sabiduría de vivir de acuerdo a. Necesitan ser consciente de tus pensamientos y aprender a controlarlos, la ansiedad existe en la mente. Si eres capaz de conquistar a tu mente dominando tus pensamientos, te puedes librar de las cadenas de la ansiedad, sin embargo, no es fácil contralar la mente de uno, pero aun así es realizable. El secreto no está en dejar de tener pensamientos negativos, sino poner los positivos en su lugar, después de todo, con que quites cierta negatividad, sólo quedarás con nada más que un vacío en su lugar. Por lo tanto, los expertos sugieren que, en vez de luchar contra los pensamientos negativos, debes enfocarte en cosas y pensamientos positivos, entonces la negatividad desaparecerá por sí sola; la clave es dominar la mente.

Esto no significa que debas hacerte de la vista gorda con la negatividad, después de todo, no puedes esperar que la vida sea siempre placentera y feliz, sin embargo, un error común es enfocarse en exceso en la negatividad; por ejemplo, si te has preocupado por cierto problema unas cinco veces, ¿cómo piensas que preocuparte unas 10 o 20 veces más será de ayuda? La preocupación excesiva sólo te dará más estrés y te provocará ansiedad.

Tomar el control de tus pensamientos no es fácil, así que no esperes ser capaz de lograrlo de manera rápida, sin embargo, cuanto más practiques, será más fácil, y así serás menos ansioso.

Es normal preocuparse demasiado sobre alguna cosa, por ejemplo, quiénes hace alguna cosa tonta por accidente y se avergüenzan, pasan más tiempo intentado reparar el daño en su mente y conforme lo hagan, sólo se sentirán peor; como resultado, su ansiedad se incrementará. De nuevo, se consciente de tus pensamientos o terminarán destruyéndote. Aprende a ponerle un alto a tu mente o simplemente piensa en algo más positivo, recuerda que tu estado mental es muy importante cuando lidias con ansiedad.

## *Qué debes hacer si tienes ansiedad*

Una vez que te des cuenta que tienes ansiedad, lo mejor que puedes hacer primero es felicitarte por ser capaz de aceptarlo. Desafortunadamente, hay muchas personas ahí afuera que sufren ansiedad y se niegan a aceptar la verdad. Así mismo, requiere de mucho coraje y honestidad admitir que se tiene este problema. Así que, una vez que aceptas el hecho de tener ansiedad, considérate en el camino correcto. El siguiente paso es tomar acción, si es algo que juzgues serio, a lo mejor querrás consultar un psiquiatra de manera inmediata. Si la ansiedad es algo que piensas que puedes sobrellevar por ti mismo, entonces es momento de que lo enfrentes. Muchas veces, sólo enfrentando la ansiedad con coraje es suficiente para superarla.

Si tienes ansiedad, es importante que desarrolles un plan para saber cómo quieres vencerla, por ejemplo, si tienes un problema con la ansiedad social, entonces haz un plan por una semana sobre cómo puedes exponerte tú mismo a más personas y ambientes sociales. Ganarle a la ansiedad es con frecuencia sobre enfrentar los miedos, puede ser una experiencia que cambie tu vida y el cambio es a veces para bien, lo que hace esto una batalla que vale la pena tomar.

Cuando estés listo para superar tu ansiedad, simplemente sigue las técnicas de este libro como se muestran en el siguiente capítulo. Asegúrate de seguir las técnicas de manera correcta y sobre todo lo demás, mantente con ellas y nunca pierdas la esperanza.

### La relación contigo mismo

Si quieres superar la ansiedad necesitas construir una buena relación contigo mismo. Luchar contra la ansiedad es realmente una batalla contra ti mismo, no hay nada más que pueda liberarte de la ansiedad que tú. En lugar de odiar quién eres por tener este problema, debes ser más abierto y aprender a escucharte, algunas veces la ansiedad es sólo la manera de recordarte que debes cuidarte y amarte.

Si la ansiedad se vuelve más grave, puede ser que te sientas solo. Ten en cuenta que en vez de sentirte mal e indefenso, mejor date cuenta que tan fuere eres, que aún sigues vivo. Eres un sobreviviente. Algunas veces es la ansiedad que te enseña que tan fuerte eres en realidad, no veas al trastorno de la ansiedad como una enfermedad o dolencia, debería considerarlo como un reto.

Las personas que lidian con ansiedad aprenden a enfocarse en ellas mismas, necesitas detenerte e intentar entenderte a ti mismo. Pregúntate ¿qué es lo que causa tu ansiedad? Intenta entender el miedo, el pánico, o el estrés extremo que enfrentas. Necesitas escucharte y entenderte. La ansiedad puede enseñarte a construir una relación contigo, en la era moderna, la gente tiende a descuidarse y enfocarse en cosas materiales. Como ya sabrás, perseguir constantemente ganancias materiales puede llevarte a la tristeza y el vacío, lo que provoca estrés y el estrés lleva a la ansiedad. Tener una relación contigo mismo, logras poner atención y escuchar lo que realmente necesitas en lugar de seguir lo que sea que los medios de comunicación te dicen que hagas. Conocerse uno mismo y estar contento con quién eres y lo que tienes son cosas importantes que debes considerar para liberarte de la ansiedad.

Incluso si tienes alguna forma de ansiedad no seas como los otros que se recurren a la autocompasión, sólo te hará sentir peor, en vez de eso, recuerda ser fuerte y comprender que este es el momento cuando debes tener más coraje. Nunca sucumbas al miedo.

## Tu relación con el mundo

La ansiedad puede afectar como lidias con otras personas, por supuesto, si tu ansiedad sólo incluye el miedo a las arañas o cosas parecidas, entonces puede ser más fácil manejarla; sin embargo, si tu ansiedad es algo mucho más serio como ansiedad social, entonces si puede afectar significativamente tu vida. Esta es otra razón por la cual debes resolver cualquier problema relacionado a la ansiedad al momento que te das cuenta. Si no se maneja de manera apropiada, puede tener efectos adversos en tus relaciones profesionales y personales, lo que puede tener un impacto negativo en tu vida. De hecho, sus efectos pueden incluso forzarte a ser más ansioso de lo que ya eres.

Así que, ¿cómo lidias con el mundo cuando tienes ansiedad? Hay personas que intentan esconder su ansiedad y este no es una buena manera de abordar el problema ya que no fomenta el ser honesto. Vale la pena señalar que no te deberías avergonzar de tu ansiedad, si la tienes. El primer paso para liberarte de ella es reconocer el hecho de que la tienes. A partir de ahí, puedes tomar los pasos necesarios y las acciones positivas para solucionarlo. De nuevo, que no te avergüence padecer ansiedad, hay más personas con ansiedad en el mundo de las que imaginas.

Debes aceptarte a ti mismo incluyendo tu ansiedad, si no puedes hacer eso, no esperes que otras personas te acepten y te respeten. Toma nota que aceptarte a ti mismo y a tu estado actual no significa que no vas a seguir los pasos para superar la ansiedad. Mejor dicho, significa que lo reconoces. De igual forma, esto enfatiza el hecho de que la ansiedad no eres tú y que no es ni siquiera parte de ti, al ver tu ansiedad como algo separado de ti, se volverá más fácil superarla.

## Capítulo 3: Cómo Superar La Ansiedad de Manera Natural

### *Conocimiento y aplicación*

Cuando se trata de ganarle a la ansiedad, es importante equiparse con el conocimiento correcto; el primer paso es entender lo que es. Si no haces el esfuerzo para entenderlo entonces no sabrás como responder. Por ahora, ya deberías tener una buena base y entendimiento de lo que trata la ansiedad, sino, siéntete libre de regresar y hacer una revisión de los dos capítulos anteriores.

La ansiedad no es un tema complicado, sin embargo, vale la pena señalar que solo obtener conocimiento no es suficiente para liberarse de todas las formas de ansiedad. Conocer al enemigo es solo la mitad de la batalla, sin embargo, aún así necesitas determinar como vas a lidiar con el problema. Por consiguiente, deberás saber tanto como puedas sobre la ansiedad incluyendo los diferentes consejos y trucos para lidiar con ella y entonces ponerlos en práctica.

Otra vez, cabe destacar que adquirir el conocimiento correcto y dejar que ese conocimiento se convierta en acciones positivas es importante cuando se trata de liberarte de la ansiedad. Desafortunadamente, algunas personas se quedan con solo la primera parte de la solución, se quedan en la lectura y el adquirir conocimiento, pero fallan en tomar acción. Ambos, el conocimiento y la aplicación, son importantes; tener el conocimiento correcto te permitirá conocer las acciones positivas correctas para liberarte de la ansiedad.

## *Autorreflexión*

Al lidiar con la ansiedad, es importante que aprendas a detenerte y pasar tiempo reflexionando sobre ti mismo y tu vida. Al comprenderte, serás más capaz de entender a cómo lidiar con lo que sea que te provoca ansiedad. Cada noche antes de ir a dormir, vuelve una práctica el examinar lo que pasó durante el día; pregúntate como lidiaste con los desafíos y eventos del día. Esfuérzate por aprender tanto como puedas de tu reflexión, igual no seas demasiado duro contigo, si reconoces algo que puedes mejorar entonces actúa para llevarlo a cabo.

Algunas veces no necesitas realmente realizar alguna acción, lo que es importante es que tengas un mejor entendimiento sobre ti. Un buen método para la autorreflexión es mantener un diario personal, ya que será tuyo eres libre de escribir cualquier cosa. Idealmente, debes escribir en tu diario todo lo que te da ansiedad, así como los pasos positivos que estás siguiendo para lidiar con ella, de igual forma, debes escribir pensamientos importantes; cuanto más registro tengas en tu diario será mejor. Al mantener un diario, serás capaz de verte desde otro ángulo, desde una perspectiva completamente imparcial y libre de cualquier prejuicio, será como si estuvieras viendo a otra persona y finalmente eres capaz de ver con más claridad. Por eso asegúrate de poner al día tu diario con regularidad y se completamente honesto con todo lo que escribas.

Según la costumbre, la gente usa cuadernos para sus diarios, pero considerando la era moderna y la tecnología avanzada, ahora puedes escribir tu diario en tu computadora o incluso en un teléfono móvil, igual, cuando escribes un diario no necesitas ser un escritor profesional. De hecho, no se espera que escribas parágrafos o una narrativa estándar de ningún tipo, solo hay dos cosas importantes que no debes olvidar: Deberás actualizar tu diario regularmente, con preferencia, todos los días y ser completamente honesto con todo lo que escribas. El diario servirá como un espejo de la persona que eres, al leer tu diario, serás capaz de verte con más claridad. De esta manera, reconocerás las cosas que puedes mejorar sobre ti mismo; te permitirá identificar la mejor manera para lidiar con la ansiedad y ya que el diario te da una vista más clara de tu persona desde un ángulo diferente y de pensar fuera de la caja, serás más objetivo y efectivo en tu acercamiento al problema.

## *Meditación*

Practicar meditación de manera regular es una de las mejores maneras para vencer la ansiedad; todas las técnicas de meditación pueden ayudarte a sentir más relajación y a mantener los pies sobre la tierra. No es ningún secreto que una de las mejores técnicas de meditación es aún la más básica meditación conocida como meditación con la respiración o meditación en la respiración, como el nombre lo indica, la manera en cómo funciona esta meditación es enfocándote en tú respiración.

Paso 1: Toma posición de meditación, puedes estar parado, sentado o acostado.Lo importante es que mantengas la columna recta.

Paso 2: Cierra los ojos y relájate.

Paso 3: Pon atención en tú respiración, enfócate en cada inhalación y exhalación, también presta atención a los intervalos entre cada uno de ellos y mantenlos de forma regular.

Como puedes ver, esta técnica de meditación es muy simple y es también su simplicidad la que la hace muy efectiva. Hay muchos meditadores que practican esta forma de meditación desde hace años, de hecho, incluso el gran Buda practicaba esta meditación.

En general, la mente está llena de tantos pensamientos; cuando meditas, la mente aprende a detener el incesante parloteo y se enfoca en un solo pensamiento o mantra. En este sentido, el centro se encuentra en tu respiración.

A pesar de que esta técnica de meditación es muy simple, te puede sorprender que no sea fácil de realizar, especialmente cuando eres un principiante; la mente no está acostumbrada a estar tranquila. En el budismo, esto se llama "mente de mono", donde la mente es como un mono que salta de una rama a otra. En este caso, la mente salta de un pensamiento a otro, no te sientas desanimado si no puedes hacerlo de manera apropiada en los primeros intentos; la meditación necesita práctica. Cuánto más lo practiques, mejor lo harás. Aquí está un regalo por leer hasta aquí: este es un audio gratis para ayudarte en tus prácticas de meditación.

## Rodéate de personas positivas

Es un hecho que la causa común de muchos problemas proviene de la gente, por lo tanto, es importante que te rodees de personas positivas, personas que te ayuden y te aporten algo bueno. Evita a las personas escandalosas y desagradables que no hacen más nada que quejarse sobre la vida, cuando te rodeas con personas buenas y agradables será más fácil para ti sentirte bien e incluso bien de estar con vida. Además, si pasas tiempo con gente positiva te darás cuenta que tus pensamientos también se vuelven más positivos. Como ya sabrás, cuando se trata de la ansiedad, la calidad de los pensamientos que albergas en tu mente se considera de gran importancia. Por consiguiente, cuanto más se pueda, mantente cerca de gente positiva y aléjate de los que te hagan sentir mal, por supuesto, hay momentos que no puedes evitar a las personas negativas, en tales circunstancias, lo mejor que puedes hacer el minimizar el nivel de interacción y aléjate del grupo tan rápido como puedas. Recuerda que es mejor para ti estar solo y feliz que pasar tiempo con gente que te hace sentir mal, peor, si pasas demasiado tiempo con gente negativa, puedes terminar como ellos.

A pesar de que talvez no puedas siempre tener la opción de decidir quién es tu jefe en el trabajo o tus compañeros de trabajo, tienes opción de decidir con quiénes te relacionas. Tienes la decisión si te abrirás a alguien o no; escoge a tus verdaderos amigos de manera cuidadosa.

## *Exposición*

Esta es otra manera efectiva de lidiar con la ansiedad, en especial si lidias con ansiedad social. La clave para este enfoque es, simplemente, exponerte a lo que sea que te de ansiedad. Esta reiterada exposición te ayudará a acostumbrarte a ella y a darte cuenta que no hay nada por lo que sentir ansiedad. Una vez que te hayas dado cuenta, entonces será más fácil liberarte de dicha ansiedad.

Toma nota que la sola exposición no es suficiente, lo que necesitas es exponerte con frecuencia a lo que te de ansiedad, por lo tanto, si sufres de ansiedad social, debes exponerte más a las personas: ve a fiestas, ve a eventos públicos, invita a un amigo a almorzar o a tomar un café, entre otras. La mayor parte del tiempo, la mejor manera de vencer la ansiedad es simplemente permitirte acostumbrarte a lo que te provoca ansiedad, no esperes que esto sea fácil, sin embargo, cuanto más te expongas al origen de tu ansiedad, serás más fuerte. Después de un tiempo, notarás que finalmente eres capaz de liberarte de la ansiedad simplemente enfrentándola de manera repetida.

### Vive de manera sana

¿Sabes que viviendo de manera sana se puede aumentar la autoestima y la confianza? También te hará sentir mejor de manera natural, por lo tanto, tener un estilo de vida sana es una manera efectiva de combatir la ansiedad. Estudios demuestran que la gente que tienen una dieta sana y hacen ejercicio de manera regular tienen, en general, menos ansiedad que los que no tienen una vida sana. No necesitas reducir tu dieta al punto en que te sientas hambriento, te marees o hagas ejercicio 14 horas a la semana, sin embargo, deber realizarlo al punto en que comas comida nutritiva y sudes de vez en cuando.

## Pensamiento positivo

Cuando se trata de ganarle a la ansiedad de cualquier tipo, el pensamiento positivo se considera un elemento importante. Mira este video sobre pensamiento positivo, de hecho, solo entrenando la mente para pensar positivamente puedes librarte de manera exitosa de cualquier forma de ansiedad; así de poderosa es la mente. Desafortunadamente, la mente es también como un arma de doble filo en el sentido de que, si fallas para controlarla y si tiende a dirigirse hacia pensamientos negativos, entonces, puede provocarte ansiedad. Por eso es importante que aprendas a controlar la mente así podrás vivir una vida libre de ansiedad.

La ciencia ya ha probado que la mente se puede entrenar; por lo tanto, si entrenas tu mente para hospedar pensamientos negativos que te den ansiedad, puedes terminar definitivamente con una gran cantidad de estrés, sin embargo, aplicando el mismo principio, es también posible entrenar tu mente para que siempre tengas pensamientos positivos; y esta es la clave para curarte de la ansiedad. Desde ahora en adelante, toma una decisión firme para rechazar y enfocarte en cosas positivas. Esto talvez no será fácil de hacer las primeras veces que lo intentes, pero pronto te acostumbrarás tanto como persistas en la práctica.

Sin embargo ¿cómo puedes tener pensamientos pensativos cuando te sientes muy ansioso? Está es una pregunta válida. Después de todo, ¿cómo puedes pensar en cosas felices cuando tienes miedo? Aunque esto te sorprenda, la manera en que esto funciona es simplemente hacerlo, deja de ser racional y simplemente piensa y enfócate en algo que sea más positivo, después de algún tiempo, serás capaz de ajustar y acostumbrarte a este nuevo patrón de pensamiento. Aprende a pensar de manera positiva y ver lo bueno en cada situación, después de todo, hay una luz incluso en el momento más oscuro, si eres capaz de encontrar esa luz entonces también encontrarás la fuerza que necesitas para hacerle frente a toda la oscuridad.

## *Paciencia*

Superar la ansiedad toma tiempo, por lo tanto, necesitas ser paciente. No permitas estresarte tratando de vencer la ansiedad, solo te hará más ansioso, en su lugar, considera tu batalla contra la ansiedad como una forma de práctica que continúas haciendo hasta que seas capaz completamente de superar tu ansiedad.

No existe una regla rápida y sin dificultad de que tanto te tomará superar una cierta ansiedad, algunas personas tal vez consigan éxito en sólo unos días mientras que otros tal vez les tome semana o meses. Simplemente porque tu ansiedad se mantenga incluso después de una semana de práctica, no significa que la técnica que estés usando no sea efectiva. Superar la ansiedad simplemente toma tiempo y es normal.

Una buena técnica que deberás recordar en el ejercicio de práctica es evitar el pensar demasiado, deja de preocuparte demasiado si estás haciendo un progreso o no, en su lugar, enfócate en aplicar las técnicas para superar la ansiedad, debes darte cuenta que no superarás la ansiedad enfocándote en ella, en vez de eso, debes remplazarla con pensamientos más sanos, acciones y actitud.

### Cometer errores

Está es una técnica que funciona muy bien si tienes ansiedad social, la clave de este enfoque es cometer de manera intencional lo que sea que intentas evitar y te darás cuenta que el miedo es en realidad infundado y que no hay nada de qué preocuparse, por ejemplo ¿te da miedo que otra persona pueda pensar que eres maleducado si no hablas con ella? Entonces hazlo y ve si lo que te da miedo es en realidad espantoso o razonable. Una buena manera de probar esto es yendo a una tienda y comprar algo, una vez que llegues a la caja, solo ignora al que te cobra y no digas nada incluso si te saluda. Si te preocupa que otra persona pueda pensar que eres maleducado, entonces este es un buen experimento para probarlo. Lo que aprenderás de este ejercicio es que el miedo es con frecuencia más poderoso que la misma experiencia, lo otro que puedes sacar de esto u otro ejercicio similar es que no hay razón por la cual para sentir ansiedad.

### Escucha música relajante

Escuchar música relajante, de preferencia música instrumental lenta, es una manera efectiva de mantenerte en tranquilidad y relajación. Intenta poner tu atención en la música y no pensar en nada, deja que la música te lleve a un lugar de serenidad y profunda relajación. Muchas veces cuando te sientes con ansiedad, todo lo que necesitas es relajarte y no hacer nada; la mayoría de las veces son tus pensamientos que te hacen sentir peor, pero, si permites relajarte entonces te darás cuenta que no hay razón para sentir ansiedad; escuchar música relajante es además una buena forma de aclarar tu mente y pensar de manera más positiva.

## *Relajación física*

Es relevante indicar que la relajación es importante cuando se trata de ganarle a la ansiedad. La ansiedad en general te da tensión e inquietud, cuando te relajas eres capaz de dejar ir esa tensión que has estado cargando. Una buena forma para relajarse físicamente es con masajes; otro método efectivo es hacer el amor, sí, el sexo puede volverse una actividad relajante. Las endorfinas que tu cuerpo libera cuando haces el amor te dará tranquilidad y menos tensión, no es ningún secreto que la mente sigue la actividad física del cuerpo, si tu cuerpo se siente cansado entonces la mente tiende a sentirse cansada, pero si relajas el cuerpo, tu mente es más probable que se relaje también. Cuando la mente está relajada es cuando es más efectiva, así que, considera relajar tu cuerpo y tomar ventaja de esa oportunidad para aclarar tu mente.

### Controla tu respiración

¿Has notado como tu respiración parece seguir tu estado mental? Por ejemplo, cuando estás en relajación, tiendes a respirar de manera suave y lenta, sin embargo, cuando sientes presión tiendes a respirar de manera más rápida e incluso bruscamente. Además, es común para las personas soltar un suspiro cuando se sienten agobiados. La respiración se asocia con el estado mental.

Existen muchos problemas de ansiedad

asociados con malos hábitos de respiración; normalmente, la gente no ejercita su entero potencial de respiración, raramente llenan completamente sus pulmones de aire. La manera de respirar es hacerlo de manera consciente; No es de extrañar que mucha gente esté sufriendo de ansiedad solo por malo hábitos de respiración, al corregir tu respiración, tu ansiedad puede desaparecer. Una buena manera de aprender esto es aprender a respirar de manera apropiada y consciente, lentamente inhala y llénate de aire fresco. Sostén el aire dentro de ti por unos pocos segundos, luego exhala de manera lenta, relájate mientras respiras. También es un método efectivo para evitar la hiperventilación, la cual es un problema común entre personas que padecen ansiedad.

### Supera la ansiedad con un amigo

Tu batalla contra la ansiedad no tiene por qué ser una experiencia solitaria, si eres de tipo amistoso, tal vez quieras hacerle frente a tu ansiedad con un amigo. Esto es excelente si tienes un amigo que también sufra de ansiedad, solo invítalo para pelear juntos y superar la ansiedad; de esta manera no te sentirás tan solo. Si trabajas con un amigo, asegúrate de escoger alguien con seriedad sobre superar su propia ansiedad, debe tener un impulso hacia el éxito, de otra forma, puede terminar como una responsabilidad en lugar de una ventaja que te dé más ánimo. Además, es bueno encontrar un amigo que comparta la misma ansiedad que tú; un problema común con la gente que padece ansiedad es que se sienten tan solos en el mundo. Piensan y creen que nadie puede entenderlos y pronto se sentirán desesperanzados y sin poder, pero esto no es del todo cierto, de hecho, hay mucha gente ahí afuera sufriendo de la misma ansiedad que tú. Lo que es sorprendente sobre esto es que las personas tienen los mismos problemas y también creen que están solas, por supuesto, nunca están realmente solas,así como también nunca estás solo. Otra gente es más probable que se encuentren en una posición similar a cómo estás, sintiendo las mismas emociones y teniendo los mismos pensamientos, sin embargo, para ser capaz de conectar con esta gente tienes que acercarte y hacerles saber que existes y que estás ahí para ellos.

### *Déjalo ir*

Luchar contra la ansiedad puede ser una experiencia tormentosa, algunas veces será positivo si puedes soltar lo que sea que estés sintiendo, grita si quieres; rompe cosas si quieres. Con este enfoque, necesitarás un lugar donde no te molesten y donde puedas sincerarte contigo. En momentos que sientas que la ansiedad es demasiada para soportarla, ve a este lugar secreto y deja salir tus emociones, no te contengas. Deja escapar la energía negativa de tu cuerpo, libera todo el odio y frustraciones; con este enfoque, no luchas contra la ansiedad, sino que la aceptas, solo sincérate sobre cómo te sientes y déjalo ir. No existe una manera equivocada de hacer esto siempre que seas sincero. La clave es dejar salir la tensión, este ejercicio te puede hacer sentir mejor y en relajación, algunas veces la mejor manera de lidiar con la ansiedad es aceptando su existencia en tu vida y expresar de manera abierta como te sientes.

## Usar afirmaciones

Las afirmaciones puede que no funcionen para todo mundo, pero aún se mantiene como una técnica positiva. Cuando usas afirmaciones hay algunas pautas a seguir:

- Mantenlas positivas.
- Usa el tiempo presente.
- Aplica el poder de la repetición.
- Créelas.

Por consiguiente, en vez de decir, "Ya no siento ansiedad" puedes sólo decir "Me siento mejor y mejor cada día", aquí está tu caja de herramientas gratis para luchar contra la ansiedad. Toma nota que es además importante que creas en lo que afirmas, sin fe está técnica no funcionará. Créelo como si lo que afirmas en verdad ha pasado; esta es la razón del porqué de esta técnica no es para todos. Algunas personas no tienen la fe en el poder de la afirmación y, por lo tanto, no funciona para ellos, además, se aconseja que te mantengas con la misma afirmación; no uses diferentes al mismo tiempo.

## Establece provocadores

La próxima vez que sufras de ataque de ansiedad, presta atención a cómo te sientes incluyendo los pensamientos que tengas antes del ataque de ansiedad. Esto te dará una pista en cuanto a ciertos provocadores que puedan advertirte que un ataque de ansiedad esté por ocurrir. Puedes usar este conocimiento para prevenir otro ataque; una vez que identifiques ciertos provocadores de ansiedad como la falta de aliento o mareos, sabrás que la próxima vez que te encuentres con ellos, deberás tener más cuidado. Cuando te des cuenta de los provocadores, recuerda que es tu ansiedad tratando de controlarte

## Experimento

Siéntete libre de experimentar y de aprender otras maneras para superar la ansiedad. Después de todo, la ansiedad no es algo que puedas resolver sólo leyendo libros, tiene muchas variaciones dependiendo en las circunstancias de la persona que la sufre. Además, solo porque una cierta técnica funciona para una persona no quiere decir que funcionará de manera apropiada cuando otro la use. Al revés, lo que no funcione para una persona puede que funcione para otra, por lo tanto, siéntete libre de experimentar entre las diferentes maneras para superar la ansiedad y ver cuál funcionará mejor para ti. Intenta, no hay una regla rápida o difícil en vencer la ansiedad, pero en su mayoría requiere intento y errores, así que, no dudes en experimentar y ver que funciona para ti.

## Toma un descanso

Superar la ansiedad no sucede durante la noche, necesitas darte el tiempo para tomar un respiro y sólo relajarte. Tomar un descanso significa no lidiar con la ansiedad, de hecho, ni siquiera pensar en ella; deja de superarla. Todo lo que necesitas es relajarte y disfrutar la vida.

Esto no significa que desistas, por el contrario, tomar un descanso es un esencial paso para superar la ansiedad. Serás capaz de ganar contra la ansiedad si te permites relajarte, necesitas tomar esta oportunidad para aclarar tu mente. Tomar un descanso te permitirá darle cara a la ansiedad de manera más efectiva.

## Práctica

Superar la ansiedad requiere de acciones

positivas, necesitar poner en práctica tu conocimiento, deberás hacerlo de manera constante. Si es tu primer paso para enfrentar la ansiedad no serás capaz de superarla de manera rápida incluso si aplicas las técnicas correctas, sin embargo, no te desanimes, cuanto más persistas en tu práctica mejorarás aún más para superar tu ansiedad.

¿Y si fallas? Algunas personas tienen miedo de fallar, temen que, a pesar de todos los esfuerzos, no serán capaz de tener éxito. Necesitas darte cuenta que cuando peleas contra la ansiedad, no hay manera de que te venza excepto si tu desistes. Si notas que un enfoque no funciona entonces eso es una lección para que aprendas y solo te lleve al enfoque correcto. Una vez que le hagas frente a la ansiedad, experimentarás que estás, de hecho, en un viaje de redescubrimiento de ti mismo. No es sólo liberarse de la ansiedad sino hacer las paces contigo mismo, así cómo conocerte y aceptar quién eres. Como puedes ver, a veces es tu propio problema el que te enseñará una mejor manera de vivir, por lo tanto, no consideres tu ansiedad como una maldición, más bien, tómalo como una oportunidad que te permitirá conocerte a ti mismo, por eso persiste en tu práctica y nunca te rindas.

## Conclusión

Gracias por llegar hasta el final de este libro.

El siguiente paso es aplicar todo lo que has aprendido y finalmente liberarte de la ansiedad, después de todo, la ansiedad solo disminuye la calidad de vida. Recuerda: mereces ser feliz.

La batalla contra la ansiedad no es fácil, pero sí es definitivamente una que vale la pena lucharla. En una nota positiva, darle frente a la ansiedad te ayudará a crecer como persona. Además, te revelará tu fuerza oculta, sin embargo, no esperes que sea un reto suave. Es en su mayoría una batalla contra ti mismo y contra la mente. Sin importar que pase, no olvides que tú eres el dueño de tu vida y que tienes el poder sobre tu ansiedad, solo continua a mantenerte con fuerza y darle cara a tu ansiedad con coraje.

No estás solo en este mundo; en algún lugar, hay gente que enfrenta su propia ansiedad pensando que están solos en esta batalla, pero nadie está en verdad solo. Tu nunca estás solo, la ansiedad no es el verdadero enemigo. Hasta ahora, ya te habrás dado cuenta que cuando lidias con ansiedad, en realidad, estás lidiando contigo mismo y enfrenta esa parte de ti que has intentado evitar.

Enfrentar la ansiedad no debería ser algo de que avergonzarse, después de todo, vivimos en un mundo lleno de gente con ansiedad, peor aún, no saben de la existencia de su propia ansiedad, además, enfrentarla es un acto de gran coraje. Por lo tanto, no importa lo que puede ser tu ansiedad, no veas tu estado actual como una debilidad, en su lugar, reconoce y aprecia al guerrero que eres. Después de todo, incluso una vez en la vida, todos tienen que hacer frente a sus demonios internos, ahora es el momento para ti de enfrentarla y vivir una vida más feliz.

¡Gracias y buena suerte!

www.ingramcontent.com/pod-product-compliance
Lightning Source LLC
Chambersburg PA
CBHW071238020426
42333CB00015B/1523